언어 평등

ХЭЛ ТЭГШ БАЙДАЛ

NYELVI EGYENLŐSÉG

SPRACHE EQUALITY

TAAL GELIJKHEID

SPRÅK LIKHET

LANGUAGE EQUALITY

NGÔN NGỮ BÌNH ĐẲNG

IDIOMA IGUALDADE

BAHASA KESETARAAN

言語平等

שפת שוויון

भाषा समानताको

ภาษาเท่าเทียมกัน

IDIOMA IGUALDAD

AEQUALITAS LANGUAGE

JAZYK ROVNOST

ЯЗЫК EQUALITY

LANGUE ÉGALITÉ

ພາສາຄວາມສະເໝີພາບ

UGUAGLIANZA LINGUA

اللغة المساواة

LIMBA EGALITATE

برابری زبان

语言平等

ভাষা সমতা

LUGHA USAWA

"모든 언어는 평등하다"

지구상의 모든 언어는 인류공동체 문명 발전의 발자취입니다.
힘이 센 나라의 언어라 해서 더 좋거나 더 중요한 언어가 아닌 것처럼,
많은 사람들이 쓰지 않는 언어라 해서 덜 좋거나 덜 중요한 언어는 아닙니다.

문화 다양성에 따른 언어 다양성은 인류가 서로 견제하고
긍정적인 자극을 주고받으며 소통, 발전할 수 있는 계기가 됩니다.
그러나 안타깝게도 현재 일부 언어가 '국제어'라는 이름 아래
전 세계 사람들에게 강요되고 있습니다.

MOBA PIBHICTЬ

문예림의 꿈은 전 세계 모든 언어를 학습할 수 있는 어학 콘텐츠를 개발하는 것입니다.
어떠한 언어에도 우위를 주지 않고, 다양한 언어의 고유 가치를 지켜나가겠습니다.
누구나 배우고 싶은 언어를 자유롭게 선택해서 배울 수 있도록 더욱 정진하겠습니다.

DIL EŞİTLİK

알기 쉬운 **이란어** 페르시아어
문자 쓰기

문예림

http://www.bookmoon.co.kr

알기 쉬운 이란어 문자 쓰기

초판 1쇄 인쇄   2017년 1월 5일
초판 1쇄 발행   2017년 1월 12일

지은이 김영연
펴낸이 서덕일
펴낸곳 문예림
편집   김소현
디자인 조미경

주소   경기도 파주시 회동길 366 (10881)
전화   (02)499-1281~2
팩스   (02)499-1283
전자우편 info@bookmoon.co.kr

출판등록 1962.7.12 (제406-1962-1호)
ISBN   978-89-7482-881-3 (13790)

잘못된 책은 구입하신 서점에서 교환하여 드립니다.
이 책은 저작권법에 의해 보호를 받는 저작물이므로 무단 전재와 복제를 금합니다.

| 머 리 말 |

이란(페르시아)어는 그 나라의 역사만큼이나 오랜 전통을 가지고 있다. 일반적으로 이란어와 아랍어를 혼동하는 경우가 있는데, 이것은 이슬람교가 서기 7세기 이란으로 유입되면서 아랍어의 문자를 차용하여 이란어 알파벳이 구성되었기 때문이다. 그러나 이란어를 어느 정도 이해하게 되면, 아랍어와는 다른 계열의 문법적 규칙이 적용된다는 점을 인식할 수 있을 것이다.

이란은 문화적으로 고유한 전통과 민족적인 사고를 오늘날까지 그대로 이어 수용하고 있는 전통성이 강한 나라이다. 이러한 환경은 언어에도 적용되어 이질적인 요소를 이란화하여 정착하고 발전시켜 왔다. 이란어 문자는 아랍어의 28개 문자를 기초로 하여, 고유한 문자 4자를 첨가시켜 32개의 문자를 알파벳으로 사용하고 있다.

오래전부터 이란인 서예가들은 서체의 발전과 기술적인 뛰어남으로 이슬람 세계에 많은 업적을 남겼고, 오늘날까지 많은 사람들이 이란인 서체의 예술적 수준에 감탄하고 있다. 이맘 알리는 이렇게 표현했다.

خط خوب برای فقیر ثروت،
برای غنی زیبایی و برای حکیم کمال است

아름다운 필체는 가난한 자에게는 부(富),
부자에게는 미(美), 학자에게는 완숙(完熟)이니라

이와 같은 문화적 분위기는 각 개인의 필체가 지적 수준을 가늠하는 척도가 되어 초등학교부터 쓰기를 철저히 가르친다. 비록 이란(페르시아)어 문자가 대부분의 외국어와 다르게 쓰는 수순이 우리글과 달라 배우는 데 다소 어려움이 있으나 정서법을 올바르게 익힌다면 그다지 어려운 문자는 아니다. 또한 문자의 형태와 순서를 연습하는 과정에서 이란인의 문화적 사고를 조금이나마 공감할 수 있으리라 생각한다.

그동안 대학에서 이란어를 강의하면서 겪게 된 경험과 시행착오로 판단할 때, 외국어 학습의 첫걸음은 올바르게 문자를 쓰고 익히는 것이었다. 전공자가 아닌 일반 학습자에게는 무엇보다도 정서법의 지침서가 필요하다고 생각한다. 이 책은 기초적인 정서법을 익히는 데 목적을 두고 있으므로 32개의 문자의 위치에 따라 변하는 글씨체를 시작으로 연결형에 이어, 문장을 통해 연습할 수 있다.

전공자는 물론 이란어에 관심을 가진 학습자도 혼자 배우며 이해할 수 있도록 상세한 설명과 연습 과정, 그리고 우리글과는 다른 숫자도 연습할 수 있도록 직접 수기하여 여러 지면에 할애했다. 이러한 노력이 학습자가 이란어 문자를 익히는 데 도움이 될 수 있다면 그 이상의 기쁨은 없을 것이다. 끝으로 모국어에 남다른 열정을 가지고 도움을 주신 '이란 인문학 연구소'의 Forugh Sultaniye 선생님에게 고마움을 전한다.

2017년 1월
김영연

| 차 례 |

I   이란 페르시아 어 문자 이야기 • 007
II   이란 페르시아 어 알파벳 • 015
III   문자의 연결형 쓰기 • 027
IV   특수한 연결형 쓰기 • 071
V   숫자 쓰기 • 077
VI   쓰기 연습 • 085

        01   알파벳
        02   어휘
        03   문장
        04   숫자

|CHAPTER|

I

이란페르시아어 문자 이야기

이란(페르시아)¹어의 문자는 오랜 역사를 가지고 있다. 따라서 서체 또한 다양하고 개별화된 특징을 엿볼 수 있다. 이란어의 역사를 개괄적으로 살펴보면 다음과 같다.

이란의 역사는 서기 7세기를 지점으로 이슬람 전기와 후기(이슬람기)로 나눈다. 문자는 이슬람 전기에 속하는 하커마네쉬 왕조(B.C. 559~330) 시대에 존재하던 설형문자로부터 그 기원을 둔다. 이 문자는 42개로 구성되어 현대 이란어 쓰기의 수순과 달리 왼쪽 방향에서 오른쪽 방향으로 정서하였다.

그 뒤를 이어 에쉬커니 왕조(B.C. 250~A.D. 226)와 사산조 왕조(A.D. 226~652)는 파흘라뷔 문자가 존재하였다. 이 문자는 현재 사용하는 문자처럼 쓰기 수순이 오른쪽 방향에서 왼쪽 방향으로 쓰며 16개의 문자로 추정하고 있다. 이러한 이유로 훗날 역사가들은 이 시대의 유물들을 해독하는데 어려움이 덜했다고 전한다.

→ 하커마네쉬 왕조 시대에 존재하던 설형문자 석판 유물

→ 파흘라뷔어 알파벳

→ 파흘라뷔어 문장

1 '페르시아'는 '이란'의 옛 국명이다. 1935년 당시 국왕이 국가의 이미지를 달리하기 위해서 변경하였다. 그러나 언어의 계열로 보면 페르시아라고 칭하여야 올바른 표현이다. 이 책에서 '이란(페르시아)'로 병기하는 경우, 둘 중 하나로 표현하는 경우 모두 의미는 같다.

또한 역사가들이 가장 완전한 문자로 취급하는 아베스터어가 당시에 존재하였다. 조로아스터교의 경전인 아베스터를 이 문자로 기록한 배경으로 붙여진 명칭이다.

그 이후 이란인들은 이슬람교로 개종하면서 당시 쿠피 문자라 불리던 아랍 문자가 차츰 이란으로 유입되어 이란(페르시아)어에 차용되었다. 이란의 서예가들은 이 문자의 아름다움을 완전하게 만들어 갔을 뿐 아니라 서체 발전에 큰 역할을 하였다.

⋯ 아베스터어 알파벳

⋯ 아베스터어 문장

⋯ 쿠피 문자

최초로 이름을 남긴 이란인 서예가는 에븐 모글레(ابن مقله)이다. 그는 쿠피 문자의 서예가들 중에서도 새로운 서체를 만들어 더욱 유명하다. 그가 만든 새로운 서체가 널리 전파되면서 기존의 쿠피 서체는 자리를 잃게 되었다.

이러한 배경으로 그가 만든 서체를 '나스크(نَسخ)'[2]라 불렀다. 그의 뒤를 이어 많은 이란인 서예가가 출현하면서 다양한 서체가 등장하게 되었다. 예를 들면, 쿠피 서체에서 유래한, '모하가그(محقق)', '레이헌(ريحان)', '쏠쓰(ثلث)', '토우기(توقيع)', '레거으(رقاع)'이다. 이어 새로운 서체는 이슬람력 8세기 초에 이르러 나오기 시작했다. 역사가들은 당시 많은 서예학도들의 업적으로 쿠피 문자에서 유래했다고 평가하지만 서체의 구성과 형태는 이슬람 국가에 존재했던 서체와는 달리 이란 고대 문자와 유사하여 이란 고유의 서체로 인정되고 있다. 이란인 서예가들은 당대의 다양한 서체를 통일하여 세 가지 형태인 '타알리그(تعليق)', '나스타알리그(نستعليق)', '쉐캬스테(شکسته)'로 각각 이름 붙이고 발전시켰다.

⤑ 나스크 문체 작품

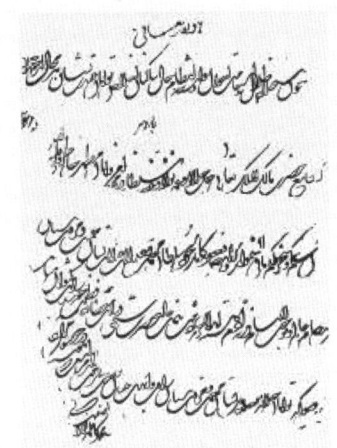

⤑ 나스타알리그 문체 작품

[2] '폐지'라는 의미로 기존의 서체를 소멸했다는 의미로 붙은 명칭이다.

'타알리그(تعليق)'체는 주로 편지나 영(슈)을 기록하기 위한 필기체이다. 이 서체는 문자들이 이루는 선과 줄의 조화에서 아름다움을 나타낸다.

'나스타알리그(نستعليق)'체는 이슬람의 서예에서 가장 아름다운 서체로 인정하고 있다. 역사적으로 가장 인정받는 이란인 서예가는 사파비조(1501~1722)의 압바스 왕(1587~1629) 당시 서예가인 미르 에머드(مير عماد)[3] 이다.

→ 미르 에머드

→ 미르 에머드의 작품

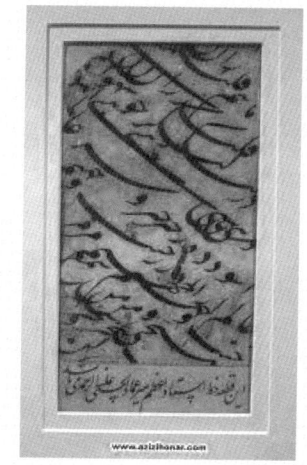

→ 미르 에머드의 작품

[3] 이슬람력 961년 가즈빈에서 출생하여 1042년 생을 마친 당대 최고의 서예가로 이란뿐 아니라 인도, 오스만투르크 왕들도 그의 작품을 소유하는 것이 큰 자랑이었다고 한다.

'쉐캬스테(شکسته)'[4] 체는 사파비조 말엽에 등장했다. 이 서체는 '나스타알리그(نستعلیق)' 체와 별다른 차이가 없으며, 단지 빨리 쓰다 보면 몇 글자가 흘림체가 되어 점차 특이한 서체로 정착되어, '나스타알리그(نستعلیق)'체와 구별하게 되었다.

··· 쉐캬스테 문체

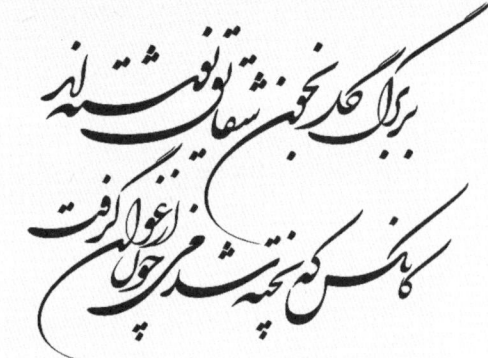

··· 쉐캬스테 문체

··· 서예 붓과 잉크

[4] "شکستهی نستعلیق"로 그 의미는, '흘려 쓴 나스타알리그'이다.

…▶ 다양한 서체의 비교

…▶ 다양한 서체의 비교

|CHAPTER|

이란 페르시아어 알파벳

이란어는 32자의 알파벳으로 구성되어 있다. 아랍어에서 28자를 차용하고, 고유한 4자(ج, چ, گ, ژ)를 더하여 32개의 문자가 이란(페르시아)어 알파벳이 되었다. 알파벳은 모두 자음의 기능을 하지만, 그 가운데 3자(ى, واو, الف) 는 모음의 기능을 동시에 한다.

문자는 반드시 오른쪽 방향에서 왼쪽 방향으로 연결하여 써 나간다. 그러나 각 문자는 한 낱말안에서 놓이는 위치에 따라 그 모양이 변한다. 그러므로 하나의 문자가 낱말의 맨 처음에 위치하면 처음형(頭字), 가운데 위치하면 중간형(中字), 맨 마지막 끝에 위치하면 마지막형(尾字), 그리고 혼자 단독으로 위치하면 단독형(獨立字)으로 쓴다. 다시 말해 한글의 초성, 중성, 종성이 각기 다른 모양으로 쓰인다고 가정한다면 이해할 수 있을 것이다. 위치에 따라 위와 같이 붙여진 이름은 정해진 고유의 명칭이 아니고, 초보자들에게 이해하기 쉽게 하기 위하여 명명한 것이다.

주의
❶ 표의 알파벳 중 7자(1번. 10번. 11번. 12번. 13번. 14번. 30번)는 오른쪽에 오는 문자와는 연이어 쓰지만, 왼쪽에 오는 문자와는 분리해서 써야 한다. 따라서 그 문자는 처음형으로 시작되고, 한 개의 문자인 경우 단독형으로 쓴다. (Ⅲ장 참조)
❷ 앞서 쓴 대로, 3자(1번. 30번. 32번)는 자음인 동시에 모음의 기능을 한다. (각 문자의 음가란 참조)
❸ 동음이형(同音異形)의 문자가 많다. 예를 들면, /t/. /s/. /z/. /h/ 이다.
❹ 22번과 24번 문자의 음가는 거의 비슷하여 동일하게 표기하는 경우도 있다.
❺ 음가의 이중모음은 주로 차용어와 외래어에 적용된다.

순서	명칭		단독형	연결형	음가
1	الف	알레프	ا	ااا	a. e. o. ã
2	ب	베	ب	ببب	b
3	پ	페	پ	پپپ	p
4	ت	테[5]	ت	تتت	t
5	ث	쎄	ث	ثثث	s
6	جیم	짐	ج	ججج	j
7	چ	체	چ	چچچ	ch
8	ح	헤	ح	ححح	h
9	خ	케[6]	خ	خخخ	kh
10	دال	덜	د	ددد	d
11	ذال	절	ذ	ذذذ	z
12	ر	레[7]	ر	ررر	r
13	ز	제[8]	ز	ززز	z
14	ژ	줴[9]	ژ	ژژژ	zh
15	سین	씬	س	سسس	s
16	شین	쉰	ش	ششش	sh
17	صاد	써드	ص	صصص	s
18	ضاد	저드[10]	ض	ضضض	z
19	ط	터	ط	ططط	t
20	ظ	저[11]	ظ	ظظظ	z
21	عِین	에인[12]	ع	ععع	'
22	غِین	게인	غ	غغغ	gh
23	ف	풰	ف	ففف	f
24	قاف	거프	ق	ققق	q
25	کاف	커프	ک	ککک	k
26	گاف	거프	گ	گگگ	g
27	لام	럼	ل	للل	l
28	میم	밈	م	ممم	m
29	نون	눈	ن	ننن	n
30	واو	버브[13]	و	ووو	v. o. u. ou
31	ہ	헤	ہ	ههه	h
32	ی	예	ی	ییی	y. i. ai. ei

5 19번 문자와 동일한 음가이다.
6 독일어의 Ich의 ch와 유사한 발음이다. ㅋ과 ㅎ의 중간음으로 된소리를 낸다.
7 영어의 r 발음이다.
8 영어의 z 발음이다.
9 영어의 zh 발음이다.
10 13번 문자와 동일한 발음이다.
11 13번, 18번 문자와 동일한 발음이다.
12 성문폐쇄음으로 음을 약간 끊는 기분으로 내면 유사한 발음이다.
13 영어의 v 발음이다.

알파벳의 정서

이란어를 쓸 때에는 다음 3가지 점을 유의해야 한다.

첫째, 이란어는 오른쪽에서 왼쪽을 향해 쓰는 글이므로 오른쪽부터 위에서 아래로 써 나간다.

둘째, 문자가 위치하는 자리에 따라 모양이 다르다.

셋째, 기본선을 두고 쓴다.

① اَلِف (alef, 알레프)

마지막형	중간형	처음형	단독형	명칭
ﻟ	ﻟ	ﺍ	ا	알레프

이 문자는 모음의 기능도 한다. 기본선의 위에 쓰는 문자이다. 그러나 어휘의 맨 처음에 오면, ا + ا = آ /ā/가 된다. 처음 알레프는 자음이 되고, 두 번째 알레프는 모음의 기능을 하여 /이응 + 어/가 되어 /어/음가를 가지며 장모음이다. 이 때 알레프 위에 붙은 부호를 맏데(madde)라고 하며, 이 부호는 반드시 써야 한다. 다시 말해 آ 라고 쓰고, 그 음가는 /ā/이다.

② ب (be, 베), پ (pe, 페), ت (te, 테), ث (se, 쎄)

마지막형	중간형	처음형	단독형	명칭
ﺐ	ﺒ	ﺑ	ب	베
ﭗ	ﭙ	ﭘ	پ	페
ﺖ	ﺘ	ﺗ	ت	테
ﺚ	ﺜ	ﺛ	ث	쎄

기본 문자에 점의 수와 그 점이 붙는 위치에 따라 다른 문자가 된다. 이 문자들은 기본선을 중심으로 위에 쓴다.

기본 문자의 위와 아래에 붙는 두 점은 연결해서 ﺑ 로 쓸 수도 있다.

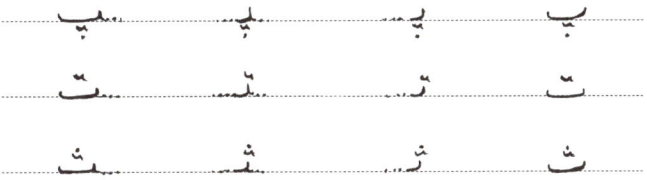

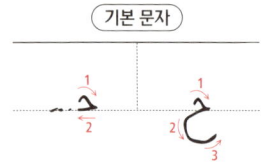

③ ‍ج (jim, 짐), چ (che, 체), ح (he, 헤), خ (kh, 케)

마지막형	중간형	처음형	단독형	명칭
ـج	ـجـ	جـ	ج	짐
ـچ	ـچـ	چـ	چ	체
ـح	ـحـ	حـ	ح	헤
ـخ	ـخـ	خـ	خ	케

기본 문자에 점의 수와 점이 붙는 위치에 따라 다른 문자가 된다. 단, '헤'는 점이 없는 기본 문자 그대로 쓴다. 문자의 윗부분은 기본선을 중심으로 위에 쓰고, 나머지 아랫부분은 기본선 아래에 쓴다.

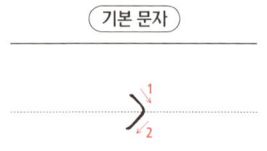

④ د (dāl, 덜), ذ (zāl, 절)

마지막형	중간형	처음형	단독형	명칭
ـد	ـد	د	د	덜
ـذ	ـذ	ذ	ذ	절

앞의 알레프와 같이 이 문자는 오른쪽에 오는 문자와는 연이어 쓸 수 있지만, 왼쪽에 오는 문자와는 떨어져 써야 한다. 그러므로 왼쪽의 문자는 처음형이거나 그 자체의 문자로 어휘가 끝나는 경우, 단독형으로 쓴다. 기본선을 중심으로 위와 아래에 걸쳐 쓴다. 10번 문자는 기본 문자 그대로 이고, 11번 문자는 점이 하나 위에 붙는다.

⑤ ر (re, 레), ز (ze, 제), ژ (zhe, 줴)

기본 문자 위에 점의 유무에 따라 문자가 구별된다.

마지막형	중간형	처음형	단독형	명칭
ر	ر	ر	ر	레
ز	ز	ز	ز	제
ژ	ژ	ژ	ژ	줴

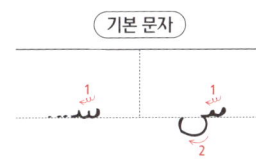

기본 문자

1번 알레프, 10번 덜과 11번 절과 같이 오른쪽에 오는 문자와는 연이어 쓰지만, 왼쪽에 오는 문자와는 떨어져 써야 한다. 그러므로 앞서 설명한대로 왼쪽에 오는 문자는 상황에 따라 처음형이거나 단독형이 된다.

⑥ س (sin, 씬), ش (shin, 쉰)

기본 문자의 위에 오는 점의 수에 따라 문자는 구별된다.

마지막형	중간형	처음형	단독형	명칭
س	س	س	س	씬
ش	ش	ش	ش	쉰

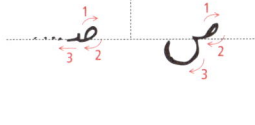

기본 문자

⑦ ص (sād, 써드), ض (zād, 저드)

기본 문자 위에 점의 유무에 따라 문자가 구별된다.

마지막형	중간형	처음형	단독형	명칭
ص	ص	ص	ص	써드
ض	ض	ض	ض	저드

⑧ ط (tā, 터), ظ (zā, 저)

기본 문자 위에 점의 유무에 따라 문자가 구별된다.

마지막형	중간형	처음형	단독형	명칭
ط	ط	ط	ط	터
ظ	ظ	ظ	ظ	저

처음형과 중간형에서 세 번째로 쓰는 획은 마지막형과 단독형과는 다소 차이가 있다. 다음과 같은 점에 주의해야 한다.

처음형	중간형	처음형	중간형
ط*	ط*	ط*	ط*

⑨ ع (ein, 에인), غ (ghein, 게인)

기본 문자 위에 점의 유무에 따라 문자가 구별된다. 이 문자들은 자리하는 위치에 따라 각기 4 가지 모양으로 쓴다. 이 문자들은 기본선을 기준으로 위와 아래에 걸쳐 써야 한다.

마지막형	중간형	처음형	단독형	명칭
ع	ع	ع	ع	에인
غ	غ	غ	غ	게인

⑩ ف (fe, 훼)

이 문자는 2번, 3번, 4번, 5번의 기본 문자와 유사하게 쓴다. 기본선 위에 걸쳐 윗부분에만 쓴다는 것을 유의해야 한다.

마지막형	중간형	처음형	단독형	명칭
ف	ف	ف	ف	훼

⑪ ق (qāf, 거프)

이 문자는 22번 문자와 음가가 매우 유사하여, 음을 동일하게 표기하기도 한다. 이 문자는 기본선의 위 아래에 걸쳐 쓰며, 기본선 아랫부분은 둥글게 쓴다는 점을 유의해야 한다.

마지막형	중간형	처음형	단독형	명칭
ق	ق	ق	ق	거프

⑫ ک (kāf, 커프), گ (gāf, 거프)

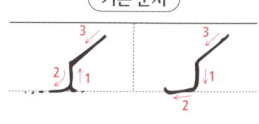

기본 문자

기본 문자에 한 획을 위에 첨가하여 구별된다.

마지막형	중간형	처음형	단독형	명칭
ک	ک	ک	ک	커프
گ	گ	گ	گ	거프

⑬ ل (lām, 럼)

이 문자의 단독형과 마지막형의 아랫부분은 기본선 아래에 걸쳐 쓴다. 그러나 처음형과 중간형은 기본선에 걸쳐 쓰기 때문에 이러한 점을 반드시 유의해야 한다.

마지막형	중간형	처음형	단독형	명칭
ل	ل	ل	ل	럼

⑭ م (mim, 밈)

이 문자는 정서 순서를 2가지로 설명할 수 있다. 처음형과 중간형은 기본선에 걸치거나 아래에 쓴다. 그러나 단독형과 마지막형은 기본선의 위 아래에 걸쳐 쓴다.

마지막형	중간형	처음형	단독형	명칭
م = م	م	م	م	밈
م	م	م	م	밈

⑮ ن (nun, 눈)

이 문자의 처음형과 중간형은 2번. 3번. 4번. 5번 문자의 기본 문자와 동일하다. 그러나 단독형과 마지막형은 동일한 모양이지만, 단독형의 오른쪽 앞 부분이 기본선의 위에 조금 걸쳐 쓰는 것이 올바른 쓰기 이지만, 마지막형과 동일하게 써도 무난하다.

마지막형	중간형	처음형	단독형	명칭
				눈

⑯ و (vāv, 버브)

이 문자는 앞서 설명한대로 1번. 10번. 11번. 12번. 13번. 14번과 같이 오른쪽에 오는 문자와는 연이어 쓰지만, 왼쪽에 오는 문자와는 떨어져 써야 한다. 그러므로 앞서 설명한대로 왼쪽에 오는 문자는 상황에 따라 처음형이거나 단독형이 된다. 모음의 기능도 한다.

마지막형	중간형	처음형	단독형	명칭
				버브

⑰ ه (he, 헤)

이 문자는 자리하는 위치에 따라 각기 4 가지 모양으로 쓴다. 단독형, 처음형과 마지막형은 기본선 위에 쓰고, 중간형은 기본선의 위 아래에 걸쳐 쓴다.

마지막형	중간형	처음형	단독형	명칭
				헤

8번 문자와 명칭이 같은 문자로 음가도 같다. 이 문자를 구별할 때는 '두 개의 눈을 가진 헤', 즉, '헤예 도 체쉬므'라 칭하기도 한다.

⑱ ي (ye, 예)

이 문자의 처음형과 중간형은 2번. 3번. 4번. 5번 문자의 기본 문자와 동일하다. 그러나 단독형과 마지막형은 기본선의 위 아래에 걸쳐 쓴다. 단, 단독형은 문자의 머리부분이 기본선 위에 걸치고 아랫부분만 기본선 아래에 쓰지만, 마지막형은 이 문자 전체가 기본선 아래에 오게 쓴다. 이러한 표기법을 유의해야 한다.

마지막형	중간형	처음형	단독형	명칭
ـي	ـيـ	يـ	ي	예

|CHAPTER|

문자의 연결형 쓰기

이란어는 32자의 알파벳 중, 알레프. 덜. 절. 레. 제. 줴. 버브는 오른쪽에 오는 문자와는 연이어 쓸 수 있지만, 왼쪽에 오는 문자와는 분리해서 써야 한다. 이러한 기본적인 원칙 때문에 이 7자의 왼쪽에 오는 문자는 항상 처음형으로 시작한다. 그리고 왼쪽에 오는 문자가 한 글자인 경우는 그 문자 자체로 어휘가 끝나는 것이므로 단독형이 된다.

그 이외의 25자는 서로 연이어 쓸 수 있기 때문에 예외적인 정서법을 가진 이 7자가 어휘 안에서 자리하는 형 - ① 처음형, ② 중간형, ③ 마지막형 또는 단독형 - 쓰기를 설명한다.

آلِف
알레프

دال
덜

ذال
절

رِ
레

زِ
제

ژِ
줴

واو
버브

01
알레프 ا

① 물 |압|

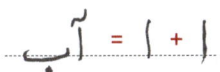

② …으로, …함께, …을(를) 타고 |버|

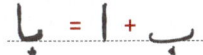

○ ب 가 ا 의 오른쪽에 오기 때문에 연이어 쓴다.

③ (주식용) 빵 |난|

نان = ن + ا + ن

○ 첫 번째 ن 은 ا 의 오른쪽에 오기 때문에 연이어 쓰지만, 두 번째 ن 은 ا 의 왼쪽에 오므로 분리해서 쓴다.

④ 오다 |어마단|

آمرن = ا + ا + م + ر + ن

○ 첫 번째 ا 는 자음이고, 두 번째 ا 는 모음이다.

02 덜 د

① 손 |다스트|

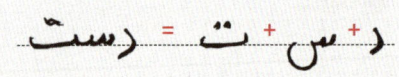

- س 은 د 의 왼쪽에 자리하기 때문에 처음형이 된다.

② 주다 |더단|

ر + ا + د + ن = رادن

- 3자가 왼쪽에 자리하는 문자와는 분리해서 써야 하기 때문에 4자는 각기 단독형이 된다.

③ 바구니 |싸바드|

- 앞의 2자는 연이어 쓸 수 있는 문자이고, د 은 오른쪽에 오는 문자와는 연이어 쓸 수 있기 때문에 마지막형이 된다.

03
ذ 절

이 문자로 시작되는 어휘의 수는 다른 문자에 비해 적다.

① 옥수수 | 조라트 |

ذ + ر + ت = زرت

○ ذ 이 맨 앞에 와서 단독형이 되고, 두 번째 문자도 단독형이 되고, 다음 문자 역시 한 글자이므로 단독형이 된다.

② 성가심, 괴롭힘 | 아지야트 |

ا + ذ + ى + ت = اذيت

○ ا 와 ذ 은 각기 분리해서 쓰므로 단독형이 되고, ى 는 원칙대로 처음형이 뒤에 오는 문자와 연이어 쓰게 된다.

③ 영향력, 통찰력, 침투 | 노푸즈 |

ن + ف + و + ذ = نفوذ

○ و 는 왼쪽에 오는 문자와 연이어 쓸 수 없기 때문에 ذ 은 단독형이 된다.

04 레 ر

① 천둥 | 라아드 |

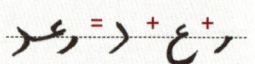

② 추위 | 싸르머 |

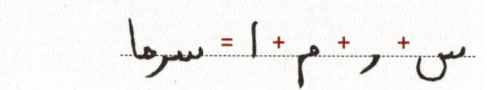

- س 은 ر 의 오른쪽에 오기 때문에 처음형으로 연이어 쓴다. ا 도 오른쪽에 م 이 오기 때문에 연이어 쓸 수 있다.

③ 신화(神話) | 아써티르 |

- 첫 번째 ا 는 왼쪽에 오는 문자와 이어 쓸 수 없기 때문에 단독형이 되고, 두 번째 문자인 س 은 원칙대로 처음형이 된다. 두 번째 ا 는 왼쪽에 오는 문자와 분리해서 쓰므로 마지막형이 되고, 그 다음에 오는 문자인 ط 는 처음형으로 되어 끝에 온 문자와 연이어 쓴다.

05 제 ز

① 미운, 못생긴 |제쉬트|

○ ز는 왼쪽에 오는 문자와 분리해서 쓰기 때문에 단독형으로 시작한다.

② (벌레가) 물다 |갸지단|

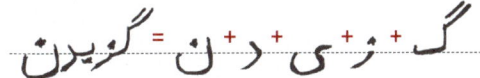

○ ز는 왼쪽에 오는 문자와 분리해서 쓰기 때문에 ى는 처음형으로 د과 연이어 쓴다. 그러나 왼쪽에 오는 문자와는 분리해서 써야 하므로 ن은 단독형이 된다.

③ 가스, (자동차의) 액셀러레이터 |거즈|

گ + ا + ز + گاز = گاز

○ ز는 어휘의 맨 끝에 오고, 그 앞의 문자 ا는 왼쪽에 오는 문자와 연이어 쓸 수 없기 때문에 원칙대로 단독형이 된다.

06
줴 ژ

이 문자로 시작되는 어휘의 수는 많지 않다.

① 이슬, 여자이름 | 절레 |

- ا 는 오른쪽에 오는 문자와는 연이어 쓸 수 있지만, 앞의 문자인 ژ 가 왼쪽에 오는 문자와 연이어 쓸 수 없는 원칙 때문에, 두 문자는 단독형이 된다. 그러므로 세 번째 문자인 ل 은 처음형으로 된다.

② 슬픈, 유감, 거절 | 데즈먼 |

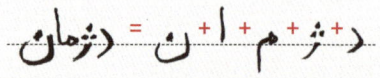

- د 과 ژ 는 정서 규칙이 동일하게 적용되어 단독형이 된다. 그러므로 م 은 처음형으로 다음 문자와 연이어 쓴다. 그러나 ا 는 왼쪽에 오는 문자와 분리해서 쓰기 때문에 끝 문자는 단독형이 된다.

③ 성, 요새 | 데즈 |

- 두 문자는 정서 규칙이 동일하여 왼쪽에 오는 문자와는 연이어 쓸 수 없기 때문에, 각각 단독형이 된다.

07 버브 و

① 중간, 가운데 |바싸트|

و + س + ط = وسط

- و 는 왼쪽에 오는 문자와 연이어 쓰지 않기 때문에, 단독형이 되고, 다음 문자 س 은 처음형이 된다.

② 친구 |두스트|

د + و + س + ت = دوست

- 앞의 두 문자는 정서 규칙이 동일하여 단독형이 되고, س 은 처음형이 되어 다음 문자와 연이어 쓴다.

③ 악마, 마귀 |디브|

د + ي + و = ديو

- د 은 왼쪽에 오는 문자와 분리해서 쓰기 때문에 ي 는 처음형으로 다음 문자와 연이어 쓴다.

연결형 연습

이란어의 알파벳 순서대로 어휘 안에서 ① 처음형. ② 중간형. ③마지막형 또는 단독형을 연결하는 연습을 한다.

01
알레프 ا

① 그, 그것, 저, 저것 |언|

آن = ا + ا + ن
آن ← آن ← آ ← ا

② 낫 |더스|

داس = د + ا + س
داس ← دا ← د

③ 날씨, 하늘, 공기 |하버|

هوا = ه + و + ا + ا
هوا ← هو ← ه

02
베 ب

① 지붕 |밤|

② 아빠 |버버|

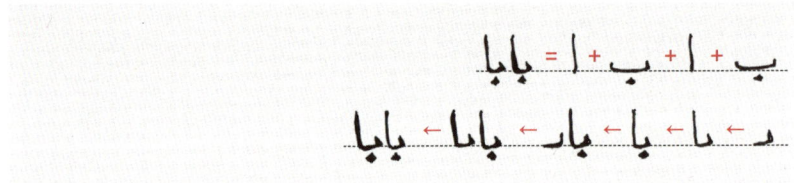

③ 좋은 |훕|

خ + و + ب = خوب

ـه ← خو ← خو ← خوب

03
پ 페

① 아버지 |페다르|

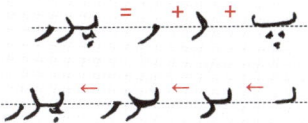

② 언덕 |테페|

③ 타입, 틀, 형(形) |팁|

04
ت 테

① 열 |탑|

تـ + بـ = تب

ر ← بـ ← تـ ← تب

② 방 |오터그|

ا + ت + ا + ق = اتاق

ا ← ا ← ا ← اتا ← اتاق ← اتاق

③ 손 |다스트|

ر + س + ت = رست

ر ← رس ← رس ← رست

05 쎄 ث

① 고정된 |써베트|

ث + ا + ب + ت = ثابت

ثابت ← ثابـ ← ثاب ← ثا ← ـ

② 더러운 |캬씨프|

ك + ث + ي + ف = كثيف

كثيف ← كثيـ ← كثـ ← كـ ← ـ

③ 세 번째, 제3의 |썰레쓰|

ث + ا + ل + ث = ثالث

ثالث ← ثالـ ← ثا ← ـ

06
짐 ج

① 대답 |자법|

ج + ا + و + ا + ب = جواب
جواب ← جوا ← جو ← حو ← ح

② 핀, 브로치, 머리핀 |싼저그|

س + ن + ج + ا + ق = سنجاق
سنجاق ← سنجا ← سنجا ← سنج ← سنـ ← سـ ← س

③ 소나무, 솔 |커즈|

ك + ا + ج = كاج
كاج ← كاج ← كا ← كا ← ك

07 체 ح

① 눈(目) |체쉬므|

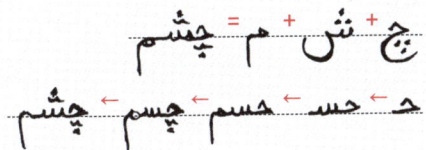

② 어린아이, 아이 |밧체|

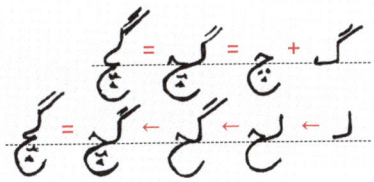

③ 석회, 석고, 분필 |갸츠|

08
헤 ح

① 건강상태, 지금, 현재, 성질　|헐|

$$ح + ا + ل = حال$$
$$حال → حال → ح$$

② 자비, 동정, 축복　|라흐마트|

$$ر + ح + م + ت = رحمت = رحمت$$
$$رحمت → رحمت → رحم → رح → ر$$

③ 오락, 휴양　|타프리흐|

$$ت + ف + ر + ى + ح = تفريح = تفريح$$
$$تفريح → تفري → تفر → تف → ت$$

09 케 خ [14]

① 좋은, 매우, 잘 |후브|

خ + و + ب = خوب

ㅅ ← حو ← خو ← خوب ← خوب

② 판, 널판지 |타크테|

ت + خ + ت + ه = تخته = تَخْتَه

ـه ← ـته ← ـخته ← تخته ← تَخْتَه

③ 못 |미크|

م + ی + خ = میخ = میخ

ـخ ← ـیخ ← میخ ← میخ

---

14 알파벳의 음가란 참조.

10
د 덜

① 이야기, 우화 |더스턴|

د + ا + س + ت + ا + ن = داستان
د ← دا ← داس ← داست ← داستا ← داستان

② 어머니 |머다르|

م + ا + د + ر = مادر
م ← ما ← ماد ← مادر

③ 추운 |싸르드|

س + ر + د = سرد
س ← سر ← سرد

11 절 ذ

① 숯, 목탄 |조걸|

ذ + غ + ا + ل = ذغال
د ← ذ ← ذع ← ذغا ← ذغا ← ذغال

② 매력적인 |자접|

ج + ذ + ا + ب = جذاب
ح ← حر ← جذ ← جذا ← جذا ← جذاب

③ 감미로운, 풍미있는 |라지즈|

ل + ذ + ي + ز = لذيذ
ل ← لـ ← لذ ← لذ ← لذي ← لذيذ ← لذيذ

12 레 ر

① 지도자, 안내자 | 라흐바르 |

ر + هـ + بـ + ر = رهبر

رهبر ← رهنـ ← رهـ ← رهـ ← ر

② 출발, 움직임, 동요 | 하라캬트 |

حـ + ر + کـ + ت = حرکت

حرکت ← حرلت ← حرك ← حرـ ← حـ

③ 기다림 | 싸브르 |

صـ + بـ + ر = صبر

صبر ← صبـ ← صـ ← صـ

13
제 ز

① 말, 언어, 혀 |자번|

ز + ب + ا + ن = زبان

ر← ز← زر← زبا← زبان

② 지진, 진동 |젤젤레|

ز + ل + ز + ل + ه = زلزله

ز← زل← زلز← زلزل← زلزله

③ 친애하는, 귀중한 |아지즈|

ع + ز + ى + ز = عزيز

عـ← عز← عزى← عزي← عزيز

14
ژ 줴

① 일본 |줴폰|

ژاپن = ژ + ا + پ + ن   ژاپن ← ژاپں ← ژاٮں ← ژاٮٮ ← ڔاٮٮ

② 속눈썹 |모줴|

مژه = م + ژ + ه   مژه ← مڗه ← مڔه ← مرہ ← مر ← م

③ 성채, 성곽 |데즈|

دژ = د + ژ   دژ ← دڗ ← در ← د

050

15
씬 س

① (아침, 점심, 저녁) **인사** |쌀럼|

سلام = س + ل + ا + م

سلام = سلا ← سل ← س

② 닦다, 씻다 |쇼스탄|

شستن = ش + س + ت + ن

شستن ← شست ← شس ← شس ← ش ← س ← س

③ 동(銅), 구리 |메쓰|

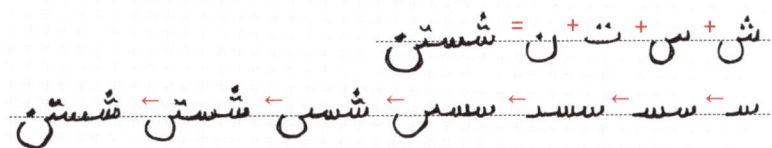

051

16 ش 쉰

① 북, 북쪽 |쇼멀|

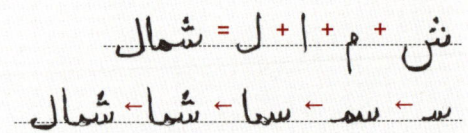

② 나라, 국가 |케쉬바르|

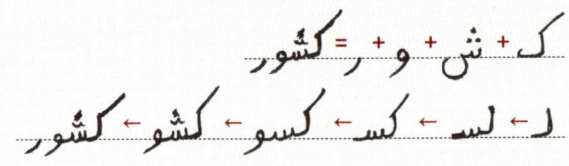

③ 양탄자 |화르쉬|

ف + ر + ش = فرش
و ← ر ← فر ← فرش ← فرش

17
쓰드 ص

① 아침, 오전[15] | 쑵흐 |

② 60 | 솨스트 |

③ 특별한, 고유의, 전용의 | 마크쑤스 |

---

[15] 마지막 '흐'음은 약하게 낸다.

18
저드 ض

① 녹음, 기록　|자브트|

$ض + ب + ط = ضبط$

ضبط ← ضبه ← ضه ← صه ← صد ← ص

② 구성원, 멤버, (신체의 각)부　|오즈브|

$ع + ض + و = عضو$

عضو ← عضو ← عصد ← عد ← ء

③ (세금)고지서　|가브즈|

$ق + ب + ض = قبض$

قبض ← قبص ← قبص ← وص ← ود ← و

19 터 ط

① 방향, 쪽 |타라프|

ط + ر + ف = طرف = طرف
ص ← ص ← طر ← طرف ← طرف

② 바구니 |싸틀|

س + ق + ط = سقط
س ← سـ ← سـقـ ← سـقط ← سـقط

③ 유산(流産), 조산(早産) |쎄그트|

س + ط + ل
س ← سـ ← سـطـ ← سـطل

20 ظ 저

① 용기, 그릇, 식기 |자르프|

ظ + ر + ف = ظرف

ظرف ← ظرْ ← ظرْ ← طرْ ← صرْ ← صـ

② 큰, 위대한, 중요한 |아짐|

ع + ظ + ى + م = عظيم

عظيم ← عظيْ ← عظْ ← عظ ← عـْ ← عـ ← ع

③ (액이) 걸쭉한, 진한 |갈리즈|

غ + ل + ى + ظ = غليظ

غليظ ← غليْ ← غلي ← غلـ ← غـْ ← عـ ← ع

21
에인 ع [16]

① 향기 |아트르|

$$ع + ر + ط = عطر, ـعطر$$
$$عطر ← عطر ← عطر ← عطر$$

② 보통의, 예사의, 평범한 |마아물리|

$$م + ع + م + و + ل + ي = معمولي$$
$$معمولي ← معمولي ← معمولي ← معمولي$$

③ 시작, 출발, 개시 |쇼루으|

$$ش + ر + و + ع = شروع$$
$$شروع ← شروع ← شرو ← شر ← ش$$

---

16 이 음은 성문폐쇄음으로, 우리 글의 '이응'을 약간 끊는 기분으로 발음하면 유사한 음이 된다. 모음과 결합할 때, 알레프의 음가와 유사하게 들리므로 주의해야 한다. 자음의 기능만 한다는 점도 반드시 유의해야 한다.

22 게인 غ [17]

① 이상한, 외국의, 생소한 | 가립 |

غ + ر + ى + ب = غريب

ع ← عر ← عرب ← غرب ← غرب ← غريب

② 서쪽, 서쪽의 | 마그랩 |

م + غ + ر + ب = مغرب

م ← مـ ← مـع ← معر ← مغرب ← مغرب ← مغرب

③ 혼잡한, 무질서, 소동 | 슐루그 |

ش + ل + و + ق = شلوق

س ← سل ← سلو ← شلو ← شلوو ← شلوق

17 이 문자는 성문폐쇄음으로 음가는 우리글에서 'ㄱ'음보다 성문을 닫고 내면, 원음과 가장 유사한 음을 낼 수 있다.

23
ف 훼

① 이란어 |훠르씨|

ف + ا + ر + س + ی = فارسی
ف ← فا ← فار ← فارس ← فارسی

② 토기, 도기 |쏘펄|

س + ف + ا + ل = سفال
س ← سف ← سفا ← سفال

③ 목표, 의도, 목적 |하다프|

ه + د + ف = هدف
ه ← هد ← هدف

24 거프 ق[18]

① 각설탕 |간드|

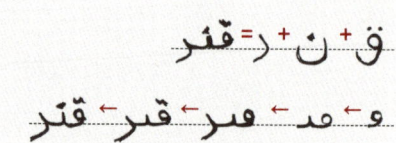

ق + ن + ر = قْنَر
و ← مد ← مر ← قْنَر ← قْنَر

② 간질이는 |겔겔라크|

ق + ل + ق + ل + ك = قلقلك
و ← ول ← ولم ← ولملـ ← ولململـ ← قلململـ ← قلقلك ← قلقلك

③ 숟가락, 스푼 |거쇼그|

قَ + ا + ش + ق = قاشق
و ← ما ← قا ← قاس ← قاسو ← قاشو ← قاشق

[18] 이 문자의 음가는 앞의 '게인'과 유사하여 동일한 음가로 취급하기도 한다.

25
커프 ک

① 열쇠, 실마리, 해답 |켈리드|

ک + ل + ی + د = کلید
ک ← کل ← کلی ← کلید = کلید

② 유일한, 단독의 |옉타|

ی + ک + ت + ا = یکتا
ی ← یک ← یکت ← یکتا = یکتا

③ 소금 |나마크|

ن + م + ک = نمک
ن ← نم ← نمک = نمک

26
거프 گ

① 소 |거브|

② 단추, 스위치 |도그메|

③ 전쟁[19] |장|

[19] 문자 'ن'과 'گ'가 연결되면, 발음은 /잉/이 된다.

27
렴 ل

① 입술, 가장자리　|랍|

ل + ب = لب

لب ← لـ ← ل

② 발음, 억양　|탈라호즈|

ت + ل + ف + ظا = تلفظا

تلفظا ← لفظا ← لفظا ← لفظا ← لـ ← ل

③ 꽃, 화초　|골|

گ + ل = گل

گل ← گل ← لل ← ل

28
밈 م

① 감사하는 |맘눈|

م + م + ن + و + ن = ممنون

م ← مم ← ممن ← ممنو ← ممنون

② 상연, 전시, 공연 |나머예쉬|

ن + م + ا + ی + ش = نمایش

م ← نم ← نما ← نمار ← نمایس ← نمایش

③ 날것의 |컴|

خ + ا + م = خام

م ← حا ← خا ← خام

29
눈 ن

① (이란식) 빵 | 넌 |

$$ن + ا + ن = نان$$
$$نان \leftarrow نا\ ن \leftarrow نا \leftarrow ا \leftarrow ب$$

② 신분증명서, 주민등록증 | 쉐너쓰너메 |

$$ش + ن + ا + س + ن + ا + م + ه = شناسنامه$$
$$شناسد \leftarrow شناس \leftarrow شنا \leftarrow سنا \leftarrow سا \leftarrow سد \leftarrow س$$
$$شناسنامه \leftarrow شناسنامـ \leftarrow شناسنا \leftarrow شناسا$$

③ 법(法) | 거눈 |

$$ق + ا + ن + و + ن = قانون$$
$$قانون \leftarrow قانو \leftarrow قانو \leftarrow قان \leftarrow قا \leftarrow ـا \leftarrow و$$

30 버브 و

① 시간, 때 |바그트|

و + ق + ت = وقت

و ← وو ← وقـ ← وقت ← وقت

② 과일 |미베|

م + ی + و + ه = میوه

مـ ← مـیـ ← مـیـو ← میوه

③ 앞, 앞으로, 빠른[20] |젤로|

ج + ل + و = جلو

جـ ← جـل ← جلو ← جلو

[20] 문자 '럼'이 어중에 오는 경우, '럼'이 두 개 있는 것으로 발음해야 원음에 가깝다.

31 هـ

① 비용, 소비, 지출 |하지네|

$$ه + ز + ی + ن + ه = هزینه$$
هـ ← هز ← هزی ← هزی ← هزین ← هزینه

② 도시 |샤흐르|

$$ش + ه + ر = شهر$$
شـ ← شه ← شهر ← شهر

③ 길, 과정, 방법, 경로 |러흐|

$$ر + ا + ه = راه$$
ر ← را ← راه

32
예 ی

① 천천히 |야버쉬|

$$ی + و + ا + یَش = یواش$$
←د ←مو ←یو ←یوا ←یواس یواش

② 사자, 젖, 우유, 수도꼭지 |쉬르|

$$ش + ی + ر = شیر$$
←س ←سد ←سر ←شر ←شیر شیر

③ 놀이, 게임 |버지|

$$ب + ا + ز + ی = بازی$$
←ب ←با ←بار ←باز بازی

|CHAPTER|

특수한 연결형 쓰기

이란인은 모국어의 서체에 대한 관심이 많다. 학문의 정도와 문화적 수준를 각 사람의 필체로 가늠하기도 하여 많은 연습 과정을 거쳐 더욱 아름다운 글씨체를 가지려고 노력하고 있다.

이러한 이유로 디지털 사회가 된 오늘도 서예전과 수기 작업을 이어 발전시키고 있다. 특수한 연결형은 수기에 있어 편리하고 좀 더 아름답게 쓰려는 의도에서 나온 연결체이다.

01
터 ط와 알레프 الف의 연결

방 | 오터그 |

$ط = ا + ط$

اطاق = ا + ق + ا + ط

02
터 ط와 럼 ل의 연결

바구니 | 싸틀 |

$ط = ل + ط$

سط = ل + ط + س

03
커프 ک와
알레프 ا의
연결

일, 작업, 볼일　|커르|

$$ک = \overset{3}{\underset{2}{ک}}\overset{1}{} = | + ک$$

$$کِ , ک = | + ک$$

04
커프 ک와
럼 ل의
연결

종다리　|커콜리|

$$کل = \overset{4}{\underset{3}{کل}} = ل + ک$$

$$کلی = ی + ل + ک$$

05
커프 ک와
럼 ل과
알레프 ا의
연결

까마귀　|컬러그|

$$کلا = \overset{2\ 5}{\underset{3}{کلا}}\overset{1}{} = | + ل + ک$$

$$کلاغ = غ + | + ل + ک$$

06
거프 گ와
알레프 ا의
연결

소 |거브|

گا = ا + گ
گاو = و + ا + گ

07
거프 گ와
럼 ل의
연결

진흙 투성이의, 진창의 |겔얼루드|

گل = ل + گ
گل آلود = د + و + ل + آ + ل + گ

08
거프 گ와
럼 ل과
알레프 ا의
연결

장미수 |골럽|

گلا = ا + ل + گ
گلاب = ب + ا + ل + گ

09 럼 ل과 알레프 الف의 연결

보금자리, 둥지 | 러네 |

ل + ا = لا ³لا ²لا¹ = لا لا

ل + ا + ن = لان لان + ه = لانه

10 페 پ, 테 ت, 쎄 ث와 예 ى의 축약

پ ، پ ، ت ، ت ، ث ، ث ، ي ، ي =

○ 위 문자들은 기본 글자인 ب 위에 붙는 점 2개를 빨리 쓰기 위해 연이어 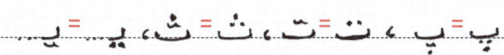 로 쓰기도 한다. 그리고 점 3개를 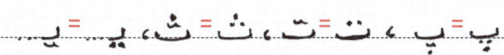 로 쓰기도 하지만, 이러한 형태는 주로 필기체에서 쓰기 때문에 연습 과정에서는 정서법을 익히는 것이 좋다.

11 씬 س과 쉰 ش의 축약

س ، س ، ش ، ش =

○ 위 문자들은 기본 글자인 س 을 그대로 한 획으로 연이어 쓰기도 한다. 또한 아래에 있는 점들은 위의 10과 같이 쓰기도 한다. 그러나 앞서 말한 대로 연습 과정에서는 정서법 대로 익혀야 바른 습관을 만들 수 있을 것이다.

|CHAPTER|

V

숫자 쓰기

이란(페르시아)어의 문자는 오른쪽 방향에서 왼쪽 방향으로 연결하여 쓰지만, 숫자는 우리글과 같이 왼쪽 방향에서 오른쪽 방향으로 써 나간다. 이란어 숫자는 다음과 같다.

0 صفر = |쎄프르|	**1** یک = |옉|	**2** دو = |도|	**3** سه = |쎄|
4 چهار = |처허르|[21]	**5** پنج = |판즈|	**6** شش = |쉐쉬|	**7** هفت = |하프트|
8 هشت = |하쉬트|	**9** نه = |노흐|[22]	**10** ده = |다흐|[23]	

◯ 제로(zero)에 해당하는 영(零)은 · 로 쓰거나, 원을 아주 작게 써야 한다. 그렇지 않으면 이란어 숫자에서는 '5'로 착각하는 경우가 많다.

[21] 정서는 '차허르'이지만, 읽을 때는 '처허르'라고 한다.
[22] 'ㅎ'음은 아주 약하게 발음한다.
[23] 'ㅎ'음은 아주 약하게 발음한다.

11 = یازده	12 = دوازده	13 = سیزده	14 = چهارده
여즈다흐[24]	다버즈다흐	씨즈다흐	처허르다흐
۱۱ یازده	دوازده	سیزده	۱٤ = ۱٤ چهارده

15 = پانزده	16 = شانزده	17 = هفده، هیفده	18 = هجده، هیجده
펀즈다흐	션즈다흐	헤프다흐, 히프다흐	헤즈다흐, 히즈다흐
۱۵ = ۱۵ پانزده	۱٦ = ۱٦ شانزده	۱۷ هفده، هیفده	۱۸ هجده، هیجده

19 = نوزده	20 = بیست		
누즈다흐	비스트		
نوزده	۲۰ بیست		

[24] 10단위의 숫자의 발음인 '…다흐'는 전부 아주 약하게 발음한다.
[25] '바'의 의미는 '과, 그리고, 더해서'이다. 그러나 숫자의 연결에서는 위의 설명대로 반드시 '오'로 읽어야 한다. 만일 '바로'로 읽게 되면, 그 의미는 20과 1이 된다.

○ 21부터는 20+1로 읽으면 된다. 즉, 20(비스트)+(و/바=오/)[25]+1(엑)을 전부 연결해서 읽으면 '비스토엑'이 된다. 단, /바/는 반드시 /오/로 읽어야 한다.

60 = شصت / 쇼스트	50 = پنجاه / 판저흐	40 = چهل / 체헬	30 = سی / 씨
۶۰ = شصت	۵۰ = پنجاه	۴۰ = چهل	۳۰ = سی
100 = صد / 싸드	90 = نود / 나바드	80 = هشتاد / 하쉬타드	70 = هفتاد / 하프타드
۱۰۰ = صد	۹۰ = نود	۸۰ = هشتاد	۷۰ = هفتاد
500 = پانصد / 판싸드	400 = چهارصد / 처허르싸드	300 = سیصد / 씨싸드	200 = دویست / 데비스트
۵۰۰ = پانصد	۴۰۰ = چهارصد	۳۰۰ = سیصد	۲۰۰ = دویست

이란어의 백분율, 가감승제, 소수점과 분수는 다음과 같이 쓰고 읽는다.

백분율(%)
| …다르 싸드 |

25%　　　　۲۵ %

음으로 풀어쓴 이란어　　بیست و پنج در صد

비스토 판즈 다르 싸드

○ %는 '…다르 싸드'이다. %는 숫자 뒤에 쓰기도 한다.

더하기(+)
| …베 에저페예 |

3 + 2 = 5　　۳ + ۲ = ۵

음으로 풀어쓴 이란어　　سه به اضافه ی دو پنج است

쎄 베 에저페예 도 판즈 아스트[26]

5 + 6 = 11　　۵ + ۶ = ۱۱

음으로 풀어쓴 이란어　　پنج به اضافه ی شش یازده است

판즈 베 에저페예 쉐쉬 여즈다흐 아스트[27]

빼기(-)
| …멘허예 |

4 - 1 = 3　　۴ - ۱ = ۳

음으로 풀어쓴 이란어　　چهار منهای یک سه می شود

처허르 멘허예 옉 쎄 미쇠바드

5 - 2 = 3　　۵ - ۲ = ۳

음으로 풀어쓴 이란어　　پنج منهای دو می شود سه

판즈 멘허예 도 미쇠바드 쎄

26 /…아스트/는 생략하기도 한다.
27 /…아스트/는 생략하기도 한다.

곱하기(×)
| …자르브 다르 |

4 × 6 = 24

음으로 풀어쓴 이란어

۴ × ۶ = ۲۴

چهار ضرب در شش می شود بیست و چهار

처허르 자르브 다르 쉐쉬 미솨바드 비스토 처허르

7 × 8 = 56

음으로 풀어쓴 이란어

۷ × ۸ = ۵۶

هفت ضرب در هشت می شود پنجاه و شش

하프트 자르브 다르 하쉬트 미솨바드 판저호 쉐쉬

나누기(÷)
| …타그씸 바르 |

10 ÷ 2 = 5

음으로 풀어쓴 이란어

۱۰ ÷ ۲ = ۵

ده تقسیم بر دو می شود پنج

다흐 타그씸 바르 도 미솨바드 판즈

100 ÷ 5 = 20

음으로 풀어쓴 이란어

۱۰۰ ÷ ۵ = ۲۰

پنج منهای دو می شود سه

싸드 타그씸 바르 판즈 바러바르 아스트 베 비스트

● 동사 '아스트'와 '미솨바드'는 어느 쪽을 활용해도 상관없다. 또한 문장 안에서 위치가 문장의 맨 마지막 숫자 앞이나 뒤에 와도 된다.

소수점(.)
| …모마예즈 |

2.5

۲/۵

음으로 풀어쓴 이란어

دو ممیز پنج

도 모마예즈 판즈

4.79

۴/۷۹

음으로 풀어쓴 이란어

چهار ممیز هفتاد و نه

처허르 모마예즈 하프터도 노흐

분수(/)

2/3

۲/۳

음으로 풀어쓴 이란어

دو سوم

도 쎄봄[28]

5/8

۵/۸

음으로 풀어쓴 이란어

پنج هشتم

판즈 하쉬톰

---

[28] 분모는 서수로, 분자는 기수로 서수로 읽는다.

| CHAPTER |

VI

쓰기 연습

지금까지 설명한 내용을 토대로 이란어 문자를 연결해서 쓰는 연습을 한다. 첫째, 알파벳 32자의 처음형, 중간형, 마지막형을 연이어 쓰는 연습을 시작으로, 둘째, 각 문자가 어휘 안에서 어떠한 형으로 어떻게 이어 쓰게 되는가를 익히기 위해 빈도수 높은 어휘들을 예로 쓰기 연습을 한다. 셋째, 문장을 통해 쓰기 연습을 한다. 넷째, 문자와 다른 숫자 쓰기를 연습하여 이란어 쓰기의 모든 과정을 익힌다.

이 과정을 통해 각 문자가 어느 위치에서 어떤 모양이 되는가를 염두에 두고 연습하는 것이 정서법을 익히는 데 도움이 될 것이다. 아울러 정서법은 아름다운 이란어 필체를 가질 수 있도록 도와줄 것이다.

01
알파벳

001

ا

002

ببب

003

بِبِبِ

004

تتت

005

ثَثَثْ

006

ججج

007

ججِجَ

008

ححج

009

خخَخِ

010

ح

011

ذ

012

ر

013

ژ

014

ژ

015

سسس

016

ششش

017

صصص

018

ضضض

019

ط ط ط

020

ظ ظ ظ

021

ع ع ع

022

غ غ غ

023

ف ف ف

024

ق ق ق

025

ککک

026

گگگ

027

لل

028

ممم

029

ننن

030

و

031

همو

032

يسي

02 어휘

001 청색 | 어비 |

آ + ب + ی = آبی

آبی

آبی

آبی

002 마지막 | 어카린 |

آ + خ + ر + ی + ن = آخرین

آخرین

آخرین

آخرین

003 안정된, 얌전한 | 어럼 |

آرام = م + ا + ر + آ

آرام

آرام

آرام

004 하늘 | 어쎄먼 |

آسمان = ن + ا + م + س + آ

آسمان

آسمان

آسمان

005 부엌 | 어쉬파즈커네 |

آ + ش + پ + ز + خ + ا + ن + ه = آشپزخانه

آشپزخانه

آشپزخانه

آشپزخانه

006 신사(복수형) | 어거연 |

آ + ق + ا + ی + ا + ن = آقایان

آقایان

آقایان

آقایان

007 선생님 |어무즈거르|

آ + م + و + ز + گ + ا + ر = آموزگار

آموزگار

آموزگار

آموزگار

008 가지고 오다 |어바르단|

آ + و + ر + د + ن = آوردن

آوردن

آوردن

آوردن

009 천천히 |어헤스테| آ + ه + س + ت + ه = آهسته

آهسته

آهسته

آهسته

010 거울 |어예네| آ + ی + ن + ه = آینه

آینه

آینه

آینه

011 말(馬) |아습|

ا + س + ب = اسب

اسب

اسب

اسب

012 버스 |오토부스|

ا + ت + و + ب + و + س = اتوبوس

اتوبوس

اتوبوس

اتوبوس

013 사무실, 연구실, 부서 | 에더레 |

ا + د + ا + ه = اداره

اداره

اداره

اداره

014 예절 | 아답 |

ا + د + ب = ادب

ادب

ادب

ادب

015 사랑스러운, 귀중한 | 아르즈만드 | ا + ر + ج + م + ن + د = ارجمند

ارجمند

ارجمند

ارجمند

016 이사(移徙) | 아스밥케쉬 | ا + س + ب + ا + ب + ک + ش + ی = اسباب کشی

اسباب کشی

اسباب کشی

اسباب کشی

017 개인들, 사람들 |아쉬커스|　　　ا + ش + خ + ا + ص = اشخاص

اشخاص

اشخاص

اشخاص

018 원리, 근본, 원천 |아쓸|　　　ا + ص + ل = اصل

اصل

اصل

اصل

019 항의, 불만, 비난 |에으²⁹ 테라즈|

ا + ع + ت + ر + ا + ف = اعتراف

اعتراف

اعتراف

اعتراف

020 종종, 자주, 대부분 |아글랍|

ا + غ + ل + ب = اغلب

اغلب

اغلب

اغلب

29 이 음은 아주 약하게 발음한다.

021 빠지다, 떨어지다 |오프터단| ا + ف + ت + ا + ر + ن = افتارن

افتارن

افتارن

افتارن

022 머무름, 주거, 체류 |에거마트| ا + ق + ا + م + ت = اقامت

اقامت

اقامت

اقامت

023 비록 … 일지라도 | 아갸르 체 |

ا + گ + چ + ه = اگرچه

اگرچه

اگرچه

اگرچه

024 그러나 | 암머 |

ا + م + ا = اما

اما

اما

اما

025 선택, 선거 | 엔테캅 |

ا + ن + ت + خ + ا + ب = انتخاب

انتخاب

انتخاب

انتخاب

026 비평 | 엔테거드 |

ا + ن + ت + ق + ا + ر = انتقار

انتقار

انتقار

انتقار

027 이란 |이런|

ا + ی + ر + ا + ن = ایران

ایران

ایران

ایران

028 배(倍) |바러바르|

ب + ر + ا + ب + ر = برابر

برابر

برابر

برابر

029 짐꾼 |버르바르| ب + ا + ر + ب + ر = باربر

030 시장, 도매시장 |버저르| ب + ا + ز + ا + ر = بازار

031 (스포츠)클럽　|버쉬거흐|　　　ب + ا + ش + گ + ا + ه = باشگاه

باشگاه

باشگاه

باشگاه

032 작은 정원　|버그체|　　　ب + ا + غ + چ + ه = باغچه

باغچه

باغچه

باغچه

033 위로, 정상, 위 |벌러| ب + ا + ل + ا = بالا

بالا

بالا

بالا

034 현명한, 똑똑한, 지혜로운 |버 후쉬| ب + ا + ه + و + ش = باهوش

باهوش

باهوش

باهوش

035 학과, 부분 |바크쉬|

ب + خ + ش = بخش

بخش

بخش

بخش

036 집다, 데리고 가다 |바르 더쉬탄|

ب + ر + د + ا + ش + ت + ن = برداشتن

برداشتن

برداشتن

برداشتن

037 쌀 |베렌즈|

ب + ر + ن + ج = برنج   برنج

برنج

برنج

برنج

038 큰, 성인, 어른 |보조르그|

ب + ز + ر + گ = بزرگ   بزرگ

بزرگ

بزرگ

بزرگ

039 그릇, 접시 | 보쉬겁 |

ب + ش + ق + ا + ب = بِشقاب

بِشقاب

بِشقاب

بِشقاب

040 후(後)에, 나중에, 다음에 | 바아[30] 드 |

ب + ع + د = بعد

بعد

بعد

بعد

30 이 음은 아주 약하게 발음한다.

041 즉시, 즉각 | 벨러훠쎌레 |

ب + ل + ا + ف + ا + ص + ل + ه = بلافاصله

بلافاصله

بلافاصله

بلافاصله

042 입맞춤, 키스 | 부쓰 |

ب + و + س = بوس

بوس

بوس

بوس

043 봄 |바허르|

ب + ا + ه + ر = بهار

بهار

بهار

بهار

044 개선, 회복 |베흐부드|

ب + ه + ب + و + د = بهبود

بهبود

بهبود

بهبود

045 (잠에서) 깬, 깨어서 | 비더르 | ب + ی + د + ا + ر = بیدار

بیدار

بیدار

بیدار

046 소용없는, 가치가 없는 | 비 훠예데 | ب + ی + ف + ا + ی + د + ه = بیفایده

بیفایده

بیفایده

بیفایده

047 코 |비니|

ب + ی + ن + ی = بینی

بینی

بینی

بینی

048 옷감, 천 |퍼르체|

پ + ا + ر + چ + ه = پارچه

پارچه

پارچه

پارچه

049 요리하다 |포크탄| ب + خ + ت + ن = پخـتـن

پخـتـن

پخـتـن

پخـتـن

050 흩어진, 분산된 |파러칸데| پ + ر + ا + ک + ن + د + ه = پراکنده

پراکنده

پراکنده

پراکنده

051 새 |파란데|

پ + ر + ن + ه = پرنده

پرنده

پرنده

پرنده

052 우체국 |포스트커네|

پ + س + ت + خ + ا + ن + ه = پستخانه

پستخانه

پستخانه

پستخانه

053 창문 | 판제(자)레 |

ب + ن + ج + ر + ه = پنجره

پنجره

پنجره

پنجره

054 치즈 | 파니르 |

ب + ن + ی + ر = پنیر

پنیر

پنیر

پنیر

055 셔츠, 상의 |피라한|

پ + ی + ر + ا + ه + ن = پیراهن

پیراهن

پیراهن

پیراهن

056 여름 |터베스턴|

ت + ا + ب + س + ت + ا + ن = تابستان

تابستان

تابستان

تابستان

057 역사, 날짜 |터리크|

ت + ا + ر + ى + خ + تاريخ = تاريخ

تاريخ

تاريخ

تاريخ

058 두려워하다 |타르씨단|

ت + ر + س + ى + د + ن = ترسيدن

ترسيدن

ترسيدن

ترسيدن

059 감사, 고마움 |타쇀코르| ت + ش + ک + ر = تشکر

تشکر

تشکر

تشکر

060 장면, 그림, 삽화 |타쓰비르| ت + ص + و + ی + ر = تصویر

تصویر

تصویر

تصویر

061 전부, 모두 |타맘| ت + م + ا + م + تمام = تَمام

تمام

تمام

تمام

062 게으른 |탐발[31]| ت + ن + ب + ل + تَنبل = تَنْبل

تَنْبل

تَنْبل

تَنْبل

[31] 'ب' 앞에 'ن'이 오면, 그 음은 /m/으로 발음한다.

063 부유한, 부자 |쎄르바트만드| ث + ر + و + ت + م + ن + د = ثروتمند

ثروتمند

ثروتمند

ثروتمند

064 길, 거리 |저데| ج + ا + د + ه = جاده

جاده

جاده

جاده

065 재미있는 |절렙| ج + ا + ل + ب = جالب

جالب

جالب

جالب

066 켤레, 짝 |조프트| ج + ف + ت = جفت

جفت

جفت

جفت

067 금요일 |좀에|

ج + م + ع + ﻩ = جمعه

جمعه

جمعه

جمعه

068 젊은, 젊은이 |자번|

ج + و + ا + ن = جوان

جوان

جوان

جوان

069 칼, 나이프　|처구|　　　چ + ا + ق + و = چاقو

چاقو

چاقو

چاقو

070 (이란 음식) 첼로캬밥　|첼로캬밥|　　　چ + ل + و + ک + ب + ا + ب = چلوکباب

چلوکباب

چلوکباب

چلوکباب

071 인쇄, 출판 |쳡|

چاپ

چاپ

چاپ

072 나무, 막대기, 재목 |춥|

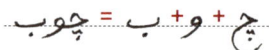

چوب

چوب

چوب

073 열기 | 하러라트 | ح + ر + ا + ر + ت = حرارت

حرارت

حرارت

حرارت

074 참석한, 출석한 | 호주르 | ح + ض + و + ر = حضور

حضور

حضور

حضور

075 외국의, 밖의 | 커레지 |

خ + ا + ر + ج + ی = خارجی

خارجی

خارجی

خارجی

076 신(神) | 코더 |

خ + د + ا = خدا

خدا

خدا

خدا

077 피로한, 지친 | 카스테 |

خ + س + ت + ه = خسته

خسته

خسته

خسته

078 웃다 | 칸디단 |

خ + ن + د + ی + د + ن = خندیدن

خندیدن

خندیدن

خندیدن

079 언니, 누나, 여동생 |커하르| خ + و + ا + ه + ر , = خواهر = خواهر

خواهر

خواهر

خواهر

080 기쁜, 즐거운 |코쉬헐| خ + و + ش + ح + ا + ل = خوشحال

خوشحال

خوشحال

خوشحال

081 대학생 ㅣ더네쉬주ㅣ   دانشجو = و + ج + ش + ن + ا + د

دانشجو

دانشجو

دانشجو

082 딸, 소녀, 아가씨 ㅣ도크타르ㅣ   دختر = ر + ت + خ + د

دختر

دختر

دختر

083 나무 |데라크트| د + ر + خ + ت = درخت

درخت

درخت

درخت

084 올바른, 맞는, 정확한 |도로스트| د + ر + س + ت = درست

درست

درست

درست

085 호수 |다르여체|　　　د + ر + ی + ا + چ + ه = دریاچه

دریاچه

دریاچه

دریاچه

086 공책, 사무실 |다프타르|　　　د + ف + ت + ر = دفتر

دفتر

دفتر

دفتر

087 약(藥) |다버|

د + و + ا = دوا

دوا

دوا

دوا

088 친구 |두스트|

د + و + س + ت = دوست

دوست

دوست

دوست

089 입 |다헌|

د + ه + ا + ن = دهان

دهان

دهان

دهان

090 어제 |디루즈|

د + ی + ر + و + ز = دیروز

دیروز

دیروز

دیروز

091 곧은, 진실의, 올바른 |러스트|

راست

راست

راست

092 안내인, 길잡이, 도로안내판 |러흐나머|

راهنما

راهنما

راهنما

093 친구 |라휘그|

ر + ف + ی + ق = رفیق

رفیق

رفیق

رفیق

094 강 |루드커네|

ر + و + د + خ + ا + ن + ه = رودخانه

رودخانه

رودخانه

رودخانه

095 신문 | 루즈너메 | ر + و + ز + ن + ا + م + ه = روزنامه

روزنامه

روزنامه

روزنامه

096 삶, 생애, 일생, 생존 | 젠데기 | ز + ن + د + گ + ی = زندگی

زندگی

زندگی

زندگی

097 건물, 건축물 | 써크테먼 |

ساختمان = س + ا + خ + ت + م + ا + ن

ساختمان

ساختمان

ساختمان

098 채소 | 싸브지 |

سبزی = س + ب + ز + ی

سبزی

سبزی

سبزی

099 별(星) | 쎄터레 |

س + ت + ا + ر + ه = ستاره

ستاره

ستاره

ستاره

100 식탁보, 식단 | 쏘프레 |

س + ف + ر + ه = سفره

سفره

سفره

سفره

101 화요일 |쎄샴[32] 베|

س+ه+ش+ن+ب+ه = سه شنبه

سه شنبه

سه شنبه

سه شنبه

102 저녁식사 |샴|

ش+ا+م = شام

شام

شام

شام

---

32 어휘 62번 참조.

103 밤(夜) |샵|

شَب

شَب

شَب

104 시작, 개시 |쇼루으|

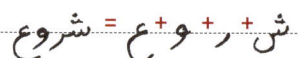

شروع

شروع

شروع

105 수영, 헤엄 |쉐너|

شَ + ن + ا = شنا

شنا

شنا

شنا

106 조식, 아침식사 |쏩허네|

ص + ب + ح + ا + ن + ه = صبحانه

صبحانه

صبحانه

صبحانه

107 소리, 음　|쎄더|

ص + د + ا = صدا

صدا

صدا

صدا

108 의자　|싼달리|

ص + ن + د + ل + ى = صندلى

صندلى

صندلى

صندلى

109 층 |타바게|

ط + ب + ق + ه = طبقه

طبقه

طبقه

طبقه

110 이혼 |탈러그|

ط + ل + ا + ق = طلاق

طلاق

طلاق

طلاق

111 명백한, 외형 |저헤르|

112 정오 |조흐르|

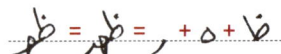

113 이상한 |아집|

ع + ج + ى + ب = عجيب

عجيب

عجيب

عجيب

114 오후, 해가 진 |아스르|

ع + ص + ر = عصر

عصر

عصر

عصر

115 안경 |에이나크|

ع + ي + ن + ك = عينك

عينك

عينك

عينك

116 일몰, 해질무렵, 황혼 |고룹|

غ + ر + و + ي + ب = غروب

غروب

غروب

غروب

117 슬픈 |감너크| غ + م + ن + ا + ك = غمناك

غمناك

غمناك

غمناك

118 썩은, 부패한, 타락한 |풔쎄드| ف + ا + س + ر = فاسر

فاسر

فاسر

فاسر

119 내일, 다음날 |화르더| ق + ر + د + ا = فردا

فردا

فردا

فردا

120 이해하다, 인식하다 |화흐미단| ف + ه + م + ى + د + ن = فهميدن

فهميدن

فهميدن

فهميدن

121 섞인, 혼합한 |거티|　　　　　ق + ا + ط + ی = قاطی

قاطی

قاطی

قاطی

122 빨간, 적색의 |게르메즈|　　　ق + ر + م + ز = قرمز

قرمز

قرمز

قرمز

123 카드, 명함 |커르트|

ك + ا + ر + ت = كارت   كارت

كارت

كارت

كارت

124 성냥 |케브리트|

ك + ب + ر + ي + ت = كبريت   كبريت

كبريت

كبريت

كبريت

125 도서관 |케텁커네| ک + ت + ا + ب + خ + ا + ن + ه = کتابخانه = کتابخانه

کتابخانه

کتابخانه

کتابخانه

126 죽이다 |코쉬탄| ک + ش + ت + ن = کشتن

کشتن

کشتن

کشتن

127 도움 |코마크| ک + م + ک = کمک

128 짧은, 낮은 |쿠터흐| ک + و + ت + ا + ه = کوتاه

129 산(山) |쿠흐| کـ + ه + و = کوه

کوه

کوه

کوه

130 석고, 분필, 석회 |갸츠|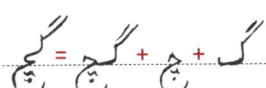

گچ

گچ

گچ

131 비싼 |게런|

گران = ن + ا + ر + گ

گران

گران

گران

132 따뜻한, 더운 |갸르므|

گرم = م + ر + گ

گرم

گرم

گرم

133 꽃 |골|

گ + ل = گل = گل

گل

گل

گل

134 귀 |구쉬|

گ + و + ش = گوش

گوش

گوش

گوش

135 식물 |기여흐|　　　　　　　گ + ی + ا + ه = گیاه

گیاه

گیاه

گیاه

136 마른 |러가르|　　　　　　ل + ا + غ + ر = لاغر

لاغر

لاغر

لاغر

137 옷, 의복　|레버쓰|　　　　　　　ل + ب + ا + س = لباس

لباس

لباس

لباس

138 남다, 머물다　|먼단|　　　　م + ا + ن + د + ن = ماندن

ماندن

ماندن

ماندن

139 예, 예시 |메썰| م + ث + ا + ل = مثال

مثال

مثال

مثال

140 학교 |마드레쎄| م + د + ر + س + ه = مدرسه

مدرسه

مدرسه

مدرسه

141 노인 |마르데 피르| مرد پیر = م + ر + د ، پ + ی + ر

مرد پیر

مرد پیر

مرد پیر

142 어려운 |모쉬켈| مشکل = م + ش + ک + ل

مشکل

مشکل

مشکل

143 공부, 연구, 학문 | 모터레에 |

مطالعه = ه + ع + ا + ل + ط + م

مطالعه

مطالعه

مطالعه

144 비교, 대조 | 모거예쎄 |

مقایسه = ه + س + ی + ا + ق + م

مقایسه

مقایسه

مقایسه

145 국가, 나라 | 멜라트 |

م + ل + ت = ملت

ملت

ملت

ملت

146 개미 | 무르체 |

م + و + ر + چ + ه = مورچه

مورچه

مورچه

مورچه

147 중요한 |모헴|

مهم = م + ه + م

مهم

مهم

مهم

148 광장 |메이던|

میدان = م + ی + د + ا + ن

میدان

میدان

میدان

149 약혼자, 후보자 | 넘자드 |　　　ن + ا + م + ز + د = نامزد

نامزد

نامزد

نامزد

150 사다리 | 나르드번 |　　　ن + ر + د + ب + ا + ن = نردبان

نردبان

نردبان

نردبان

151 석유 |나프트|

ن + ف + ت = نفت

نفت

نفت

نفت

152 소금 |나마크|

ن + م + ک = نمک

نمک

نمک

نمک

153 쓰다, 적다 |네베쉬탄|

ن + و + ش + ت + ن = نوشتن

نوشتن

نوشتن

نوشتن

154 반(半), 1/2 |님|

ن + ی + م = نیم

نیم

نیم

نیم

155 하나의, 단위 |버헤드|

و + ا + ح + د = واحد

واحد

واحد

واحد

156 존재, 실존 |보주드|

و + ج + و + د = وجود

وجود

وجود

وجود

157 운동, 체육, 훈련 |바르제쉬| ورزش = ش + ز + ر + و

ورزش

ورزش

ورزش

158 매일 |하르 루즈| هر روز = ز + و + ر + ه

هر روز

هر روز

هر روز

159 한 주일, 주간(週間) |하프테|

هـ + ت + ف + ه = هفته

هفته

هفته

هفته

160 배우자 |함싸르|

هـ + م + س + ر = همسر = همسر

همسر

همسر

همسر

161 동급생, 학우 | 함켈러쓰 |

ه + م + ک + ل + ا + س = همکلاس = همکلاس

همکلاس

همکلاس

همکلاس

162 아직 | 하누즈 |

ه + ن + و + ز = هنوز

هنوز

هنوز

هنوز

163 기념품, 기념물 |여드거르| ی + ا + د + گ + ا + ر = یادگار = یادگار

یادگار

یادگار

یادگار

164 고아, 부모 없는 |야팀| ی + ت + ی + م = یتیم

یتیم

یتیم

یتیم

165 여분의, 예비의 |야다키|

یدکی = ی + ک + د + ی

یدکی

یدکی

یدکی

03 문장

001 이것은 연필이다. |인 메더드 아스트|

این مراد است.

002 저것은 책이다. |언 케텁 아스트|

آن کتاب است.

003 나는 학생입니다.　|만 더네쉬주 하스탐|

من دانشجو هستم.

004 너는 펜을 가지고 있었다.　|토 갈람 더쉬티|

تو قلم داشتی

005 그는 테헤란에 살았다. ㅣ우 다르 테흐런 젠데기 캬르드ㅣ

او در تهران زندگی کرد.

006 당신은 모자를 가지고 있다. ㅣ쇼머 콜러흐 더라드ㅣ

شما کلاه دارید.

007 우리들은 (대)학교에 늦게 왔다. ｜머 베 더네쉬거흐 디르 어마딤｜

ما به دانشگاه دیر آمدیم.

008 그들의 정원은 매우 컸다. ｜버게 언허 케일리 보조르그 부드｜

باغ آنها خیلی بزرگ بود.

009 그녀의 집은 방이 3개이다. ㅣ커네 에 우 쎄 오터그 더라드ㅣ

خانه‌ی او سه اتاق دارد.

010 나의 여동생은 열 살이다. ㅣ커하레 만 다흐 썰 더라드ㅣ

خواهر من ده سال دارد.

04
숫자

5 |판즈|

۵   پنج

8 |하쉬트|

۸   هشت

9 |노흐|

۹   نه

12 | 다버즈다흐 |

۱۲   دوازده

16 | 션즈다흐 |

۱۶   ۱۴   شانزده

27 | 비스토 하프트 |

۲۷   بیست و هفت

28 |비스토 하쉬트|

۲۸   بیست و هشت

32 |씨 오 도|

۳۲   سی و دو

35 |씨 오 판즈|

۳۵   سی و پنج

44 | 체헬로 처허르 |

٤٤ = ۴۴   چهل و چهار

48 | 체헬로 하쉬트 |

٤٨ = ۴۸   چهل و هشت

56 | 판저호 쉐쉬 |

۵۶   پنجاه و شش

59 | 판저호 노흐 |

۵۹   پنجاه و نه

63 | 쇼스토 쎄 |

۶۳   شصت و سه

66 | 쇼스토 쉐쉬 |

۶۶ = ۶۶   شصت و شش

71 | 하프터도 옉 |

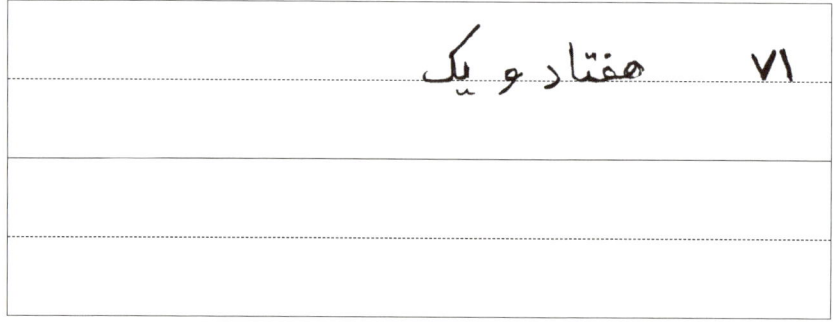

74 | 하프터도 처허르 |

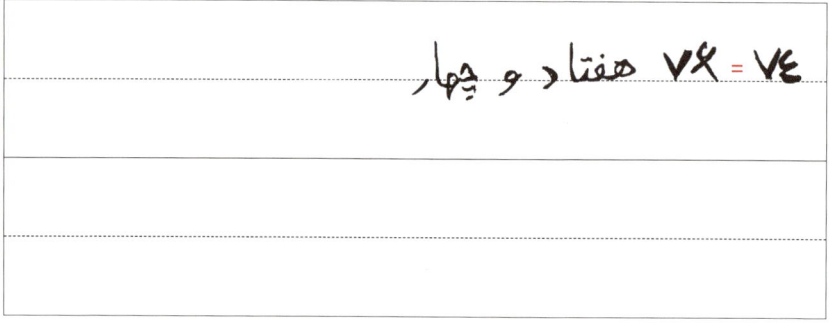

83 | 하쉬터도 쎄 |

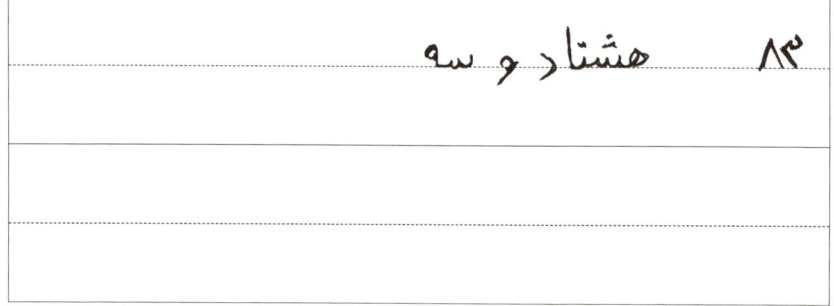

87 | 하쉬터도 하프트 |

٨٧   هشتاد و هفت

94 | 나바도 처허르 |

٩٤   نود و چهار

99 | 나바도 노흐 |

٩٩   نود و نه

101 | 싸도 옉 |

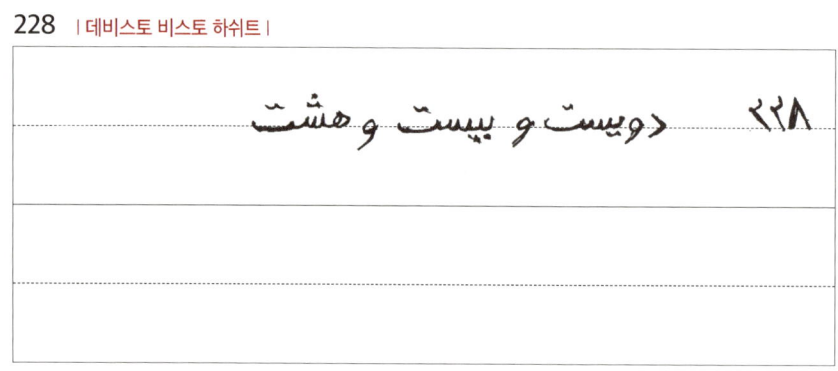

228 | 데비스토 비스토 하쉬트 |

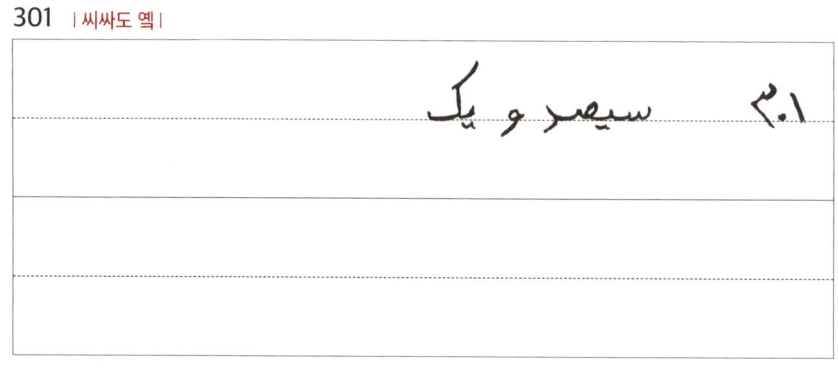

301 | 씨싸도 옉 |

550 | 펀싸도 판저흐 |

۵۵۰   پانصد و پنجاه

1001 | 헤저로 옠 |

۱۰۰۱   هزار و یک

6005 | 쉬쉬헤저로 판즈 |

۶۰۰۵   شش هزار و پنج

8789 | 하쉬트헤저로 하프트싸도 하쉬터도 노흐 |

۸۷۸۹   هشت هزار و هفت صد و هشتاد و نه

11256 | 여즈다흐헤저로 데비토 판저호 쉬쉬 |

۱۱۲۵۶   یازده هزار و دویست و پنجاه و شش

98235 | 나바도 하쉬트 헤저로 데비스토 씨 오 판즈 |

۹۸۲۳۵   نود و هشت هزار و دویست و سی و پنج

0.09 | 쎄프르 모마예즈 쎄프르 노흐 |

٠/٩   صفر ممیز نه دهم

0.9 | 쎄프르 모마예즈 노흐 |

٠/٩   صفر ممیز نه

2.35 | 도 쎄프르 모마예즈 씨오 판즈 |

٢/٣٥   دو صفر ممیز سی و پنج

2/3 | 도 쎄봄 |

۲/۳ دو سوم

9/10 | 노흐 다홈 |

۹/۱۰ نه دهم